富之道
众

彭措 ———

著

台海出版社

图书在版编目（CIP）数据

众富之道 / 彭措著 . —— 北京 : 台海出版社，
2023.7

ISBN 978-7-5168-3595-1

Ⅰ . ①众… Ⅱ . ①彭… Ⅲ . ①经济管理 Ⅳ . ① F2

中国国家版本馆 CIP 数据核字 (2023) 第 120640 号

众富之道

著　　者：彭　措

出 版 人：蔡　旭　　　　　　　　封面设计：方　悦
责任编辑：王　艳

出版发行：台海出版社
地　　址：北京市东城区景山东街20号　邮政编码：100009
电　　话：010-64041652（发行，邮购）
传　　真：010-84045799（总编室）
网　　址：www.taimeng.org.cn/thcbs/default.htm
E - mail：thcbs@126.com

经　　销：全国各地新华书店
印　　刷：武汉市籍缘印刷厂
本书如有破损、缺页、装订错误，请与本社联系调换

开　　本：880毫米×1230毫米　1/32
字　　数：58千字　　　　　　印　　张：4.75
版　　次：2023年7月第1版　　印　　次：2023年7月第1次印刷
书　　号：ISBN 978-7-5168-3595-1

定　　价：49.00元

▌周朝近八百年的启示

周朝是一个伟大的朝代，按照通常的算法，秦灭周为这一朝代的结束。周朝历经了近八百年的岁月，是中国古代史中寿命最长的一个朝代。这个纪元可谓前无古人，后无来者。

周朝创造的许多制度、礼仪、典范成了中国传统政治中不可缺少的部分。许多制度，如户口、婚姻、税收、家庭观念，虽然今天已有了很大不同，但所有我们的创造也好，改革也好，都是以那个时代的制度为蓝本的。周朝，也是中国传统哲学与文学的纪元。周文王制作了中国传统文化的部分起源《周易》。姜子牙创

作了最早的军事书籍《六韬》。周公姬旦设立了
千年来都延续的传统风俗与政治体系架构。孔
子研究周礼和风雅颂，留下了《论语》与《诗
经》，最终深入研究，形成了仁的哲学体系，老
子研究周朝各类文献，而形成了道。

周朝有着灿烂的文化，其精密的组织架构，
使其能延续近千年，这不仅是中国的骄傲，也
是世界的骄傲。它在政、军、文等领域的一系
列成就，直接为中华文明的强大奠定了基础。
在四大文明古国中，中国发展得最为迅速，乃
至于逐渐超过其他三大文明古国。也可以说，
正是因为周朝一系列锐意革新的措施，为中华
文明的发展提供了持久的爆发力。

同时，周朝的兴盛离不开国相姜太公的辅

佐与贡献。太公的雄才伟略，自先秦乃至当今不仅受到历代典籍的推崇，而且备受历代哲人志士、文臣武将的敬仰歌颂，其韬略仁德即便对于当代社会仍具有重要的价值。以下便是一段文王与太公的智言妙语。

文王问道："该制定什么办法才能使天下归心呢？"

太公回答说："天下不是一个人的天下，而是天下所有人共有的天下。能同天下所有人共同分享天下利益的，就可以取得天下；独占天下利益的，就会失掉天下。天有四时，地有财富，能和人们共同享用的，就是仁爱。仁爱所在，天下之人就会归附。免除人们的横死，解决人们的苦难，消除人们的祸患，解救人们的危急，就是恩德。恩德所在，天下之人就会归附。和人们同忧同乐、同好同恶的，就是道义。道义所在，天下之人就会争相归附。人们无不厌恶死亡而乐于生存，欢迎恩德而追求利益，能为天下人谋求利益的，就是王道。王道所在，天下之人就会归附。"

此段内容，出自《六韬》中的《文师》篇，处处流露着太公"天下为公"的圣德。"天下为公"也正是财富之道的重中之重，是财富精神的精髓，是每一个人、每个企业、每个集体、每个国家在致富路上都必须体悟的"心经"，是实现共同富裕的参考对象。

目 录

七、实现众富的三部曲 040

后记 141

【何为共同】.................................... 143

【何为富裕】.................................... 144

众富
之道

"众富之道"的七个层面

众富之道

一、"富"的底层逻辑

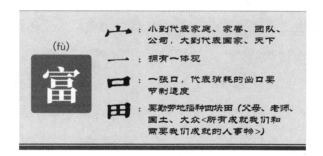

    中国的文字最早都是象形字，古人的智慧博大精深，早在造字之初就把其中蕴含的真理体现得淋漓尽致。每一个文字本身就是一个真相和谜底，今天，我们先来探索"富"的底层逻辑。

一个真正的富人，心中能装得下"小到家庭、家眷、团队，大到国家、天下"，同时拥有一体观，不会与其他人产生对立。在任何情境下，都会与对方相和，或促进集体相和。成由勤俭败由奢，《大学》中也讲道："生之者众，食之者寡"，就是告诉我们要多创造、少消耗。在自我消耗上，懂得适度，不奢侈、不浪费、不过度享受。要勤俭持家，切忌寅吃卯粮。剩下的，可以做储备、做分享，并且常常真心地在行善报恩上下功夫。对待父母、老师、国家，以及所有成就我们和需要我们成就的众生，要恭敬感恩，谦卑有礼，不忘恩情，以行动报恩。

可是现在，有些人的做法正与之相反，为了钱可以抛弃家眷、家庭，可以背叛和损害团体或国家的利益；而在创造财富的行为上，更是不择手段，只要可以赚到钱，就不管是否会危害他人健康、污染自然环境、损害社会利益、触犯国家法律，甚至于伤害自身健康或家庭的幸福；不仅没有善待父母、老师，也没有及时报答社会以及那些曾经帮助过自己的人。不知不觉，就从知恩、勤俭变成了欲望与懒惰。如此膨胀的欲望，已经违背了富的底层逻辑，最终还是与富无缘。

【“富”的解析概述】

 01 （宝盖头） “真心覆盖人事物的面积，是财富的收获面积”

宀：意思是心中要装下“小到家庭、团队，大到国家、天下”。

一个人能够真心地覆盖多少人事物，就拥有多少可收获的财富面积，而真心的状态就是知恩、报恩。从小到大，养育过、帮助过、提携过我们的人事物数不胜数，我们的成长是万缘促成的，哪怕是一个人做的某一件小事帮助到了我们，都应该感恩戴德。因此，一个人的心中是否装有他人的恩情，就决定了自身是否可以获得财富。一个不懂得知恩感恩的人，行为上定是不会报恩的，也自然无法在财富的田地上播撒下财富的种子。

家庭生活、团体组织，这些几乎是每一个人都会经历的，一个真正富有的人，能够为大家着想，珍惜、团结、拥护集体，使家庭和睦、团体和谐。在家庭中，可以容纳家庭的所有成员，不断地提升心量；并能够推己及人地扩大到社会团体、企业集体、国家、世界、地球。心中装着他人的恩情，时刻只为报恩，于是，也就获得了他人的祝福以及可播种财富的广阔天地。

一：意思是要拥有整体观、一体观。

拥有一颗真挚的感恩心，建立"自他一体"的观念，才能真正将财富的纯度淬炼到极致。一体观的表现就是真诚无假、乐于助人、不求回报。真诚无假，可保障财富种子的活力；一颗假心，财富的种子必然也是假的，自然无法长出真切的果实。人闲一天地闲一年，乐于助人可保障财富的田地不闲置、不贫瘠。不求回报，可保障种子被深埋于土壤当中，不会把种子翻出或洒在马路上，也就提高了种子可以发芽的概率。

那么，如何理解这个"一体观"呢？比如

说，在家庭中我和父母是不是一心的，跟我的爱人是不是一心的，跟我的孩子是不是一心的，然后往外扩大到与集体、企业、国家、天下是不是一心的？

一体观是"众富之道"的核心。若无此观念，就很难真正在利益面前做到与他人分享。之所以需要生出这种观念，不仅是一种心量的体现，而且是源于对"成就富贵人生"的要素的深刻了解。富贵是许多人向往的目标，却又常常会不由自主地背道而驰——例如为了保护自己的利益，而去损害他人的利益，眼中充满了敌人和对手。如此，在致富的路上，就会成为孤家寡人，好比是一棵孤单的树木摇曳生长在沙漠中，没有水分与营养。而如果能够与他人共富，就如同树木生长在丛林之中，自然会根深蒂固，幸福快乐。因此，只有秉持一体观的共同富裕观，才能真正实现自我的长久富裕。

03 "知福惜福少消耗"

口：意思是要节制欲望与过分享受，在满足自身合理需求后，不让自身的消耗大于自身价值的创造。

人如果知福、惜福、再造福，没有非分之想，福气自然会伴随你。一旦对生活充满了欲望，就会开始提前透支未来的福分。等你发现福气已用完的时候，后悔就迟了。很多人不知道自己现在所拥有的福报，都是曾经日积月累而储存在了自己的福报银行之中，如果不好好珍惜，不懂得继续造福，就会有取尽用尽的那一天。就像我们将钱存进银行，如果经常去提款，只取用而不续存，总有一天会用完。珍惜福报的人，懂得不断累积资粮，让福报不断增长；不珍惜福报的人，人生就会开始走向衰落。

有的人，在年轻的时候没有惜福积福，贪图享乐，过度热衷于吃喝玩乐，不精进，到了晚年，落下一身病痛与困苦。

有的人，一辈子兢兢业业，吃苦耐劳，不激进、不抱怨，好事坏事都接受，心平气和，知足上进，到了晚年，晚景就比较不错：家庭和睦，孩子孝顺，事业有成，幸福快乐，老可善终。这样的人生何尝不是一种富贵呢？

每个人来到这个世界，都是带着福报的，但这些福报，是需要用正确的方法使用的。要是提前透支了，消耗完，福报也就没了，那老年的生活就比较凄凉。要是能够合理智慧地用，不提前透支，不伤害其他人事物，这个福报可以伴随我们的一生，只要我们有需要，它就会出现。

因此勤俭持家、惜福积福，方是生活的规范。

04 田 "知恩报恩，是财富基础，富裕的保障"

田：意思是周围的一切人事物皆是福田，我们要有报恩的心与行为，勤劳地播种耕耘好四块田（分别是父母之田、老师之田、国土之田、大众之田）。

（1）孝养父母

孝为万善之基，众德之本。在《劝孝歌》当中也有讲到"福禄皆因孝字得，天将孝字另眼观。孝子贫穷终能好，不孝虽富难平安。诸事不顺因不孝，回心腹孝天理还"。所以，若想要告别贫困，不可不孝。而孝养父母有四个层面：

①养父母之身

什么是"养父母之身"？即能够让父母衣食起居无忧，身体健康，包括家中大事小情，都能让父母的身体得到安宁。

②养父母之心

让父母心情愉悦，常关怀问候父母。例如陪父母说说话，做令父母开心的事，陪父母去探望亲人，请父母的老朋友一起喝茶等精神生活的安排。

③养父母之志

通过学习与成长，让自己成为一个对社

会有用的人、专业的人，让父母看到儿女很上进，能够光宗耀祖，造福家庭社会。父母以我们为荣，这是养父母之志。

④养父母之慧

孝的最高层面是"养父母之慧"，我们做儿女的，要使父母深入经典智慧，去学习圣贤文化。通过圣贤文化，开启父母的智慧，最终使父母了解宇宙人生的真相，超越生命。这件事情，有的可能很轻松，有的可能需要智慧与时间。当父母自己能够获得对生命更多的了解时，父母内心那种喜悦与自在，是用一般的物质孝行无法替代的。

所以，行孝这四个次第都是我们作为儿女应该努力的。想做好这四个方面，就对我们自身提出了要求，要对父母很用心，用心来自常念父母的恩情。父母大恩，一生难报。当我们意识到报答父母之恩是人生大事时，很多事情慢慢就会有办法。对于一个有足够孝心的人来说，行孝尽孝一定有更圆满的办法。

（2）恭敬师长

尊师重道，是我国优良的人文教育理念。儒家有程门立雪之恭谨，禅宗有断臂求法之至诚。老师增长我们的见识，开启我们的智慧，我们自然应竭诚恭敬。

父母给我们肉身，老师给我们的肉身安装上更健全智慧的系统（思想），不至于让我们的肉身成为对不起父母、对不起自己、对不起儿孙、伤害他人的凶器载体。有了老师的正确引导，我们树立了正确的价值观，拥有了鉴别是非善恶的能力，知道了作为人何为正确，懂得了仁义道德，使我们走向正义、光明、快乐，能够自律利他、减少自私、少走弯路……

不管是教做人的老师，还是教做事的老师，都应该恭敬、回报。

（3）感念国土

关于国土恩，一方面是指我们赖以生存的国土，它无私，山川河流、蔬果粮食、阳光空气、草木森林、矿藏珍宝……应有尽有，都无私地给予我们，滋养我们，所以应当感恩。

另一方面，我们生存的国度里，能够安居乐业，这与国家的和谐安定是分不开的。如果国家安全没有保障，我们何以安心生活、工作、修学？所以，感恩国家，是本分。

（4）感恩大众

在生活中，一个人从内（肉身）到外（各类助力生活、行事的工具）需要的东西很多。例如需要健康的身体，需要保障健康身体的各类脏腑，需要保障脏腑健康的各类物质，需要吃饭睡觉，需要运动、办公，需要足下有踏实的陆地，需要阳光、空气、水，需要植物给我们带来的氧气，需要房屋来为我们遮风挡雨，需要服饰为我们遮羞……这些都是需要感恩的对象。若没有它们，就无法保障我们的生活，是它们为我们每天、每时、每刻地提供生命力量。因此，我们要以"不违背良心、不伤害他人"为原则，善待它们，感恩它们，给它们带来愉悦。同时，活在这个世上，一定还有比我们更痛苦的、更微弱的，或是有难处需要我们解围帮助的对象，我们要长养仁爱之心，敬老爱幼、帮助他人，对弱势群体或有需求的人及时伸出援助之手。如此，就是在大众这块肥沃的土壤里不忘耕耘播种，播撒富裕的种子。

因此，一个富人，大都能够正确地分配自己的时间和财富，勤奋积极地耕耘好这四块福田。当我们越是金钱匮乏的时候，就越是应该调整安排好时间，用实际行动去做好力所能及的事情，及时播种这四块田。

无论是圣贤讲的财富、老子《道德经》里边的财富定义、商圣范蠡对于财富的定义，还是张说写的《钱本草》中对财富的定义，其实讲的都是一个东西，它的底层逻辑都是一样的。

"富"的底层逻辑，就是符合了财富的法则。

公司、国家亦是如此。若天下人都能具备富裕的心理和思维，开始践行富裕的法则，慢慢地必然走向富贵。

所以，不管今天是否负债累累，哪怕是一贫如洗，只要按照"富"的底层逻辑去践行、坚持，最终的结果一定是成为富足的人，甚至是成为大富长者。

二、"贵"的底层逻辑

富人，不一定是贵人，而贵人将成为富人。因为，一个富人可能走的是"独富之路"，而只有"众富"才能成为真正的贵人。

真正的贵人，以中道待人、处事、生活，不过冷或过激，保持中正，同时拥有自他一体的观念，不孤立自己也不排斥他人，乐于与他人分享、成人之美，同时也不会有嫉妒与傲慢，并能让内心宁静，看清事物发展的方向、识别人的善恶品质，拥有清晰的方向感，并紧跟时代，不忘学习，进一步通过智慧引导他人向正确的方向前进，同时不断在生活中，以德行的标准来修正自己、规范自己，使自己真正成为一个无害、利人、促和且值得被信赖的人。

当我们拥有智慧和德行时，就可以物化成财富。

【"贵"的解析概述】

01 中 "中道"

中：意思是中道待人、处事。

　　中道思想，是中华传统文化的核心思想，儒释道三家都推崇中道原则。如果做事时，着重一方面的利益而压制另一方面的利益，这就不是在走中道。必须持有整体观念、大局观念，各方面利益都兼顾，才是中道的做法。只有走中道，对立诸方才能互不相胜，其关系才能和谐。所以，"提倡走中道"对当前社会主义和谐社会的建设是有积极意义的。

　　对于钱财也是如此。《钱本草》中讲："一积一散谓之道，不以为珍谓之德。""不以为珍"就是不执着金钱和物质，不做爱钱如命的守财奴，而是以平常与平和的态度对待金钱。

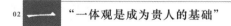

02　一　"一体观是成为贵人的基础"

　　一：意思是要拥有一体观。

此处与"富"的底层逻辑中的"一"是一样的概念。

目：意思是找到方向感（深入学习经典，降服乱心，内心宁静，自然启发智慧，看清方向）。方向对了头，一步一层楼；方向不对头，累死老黄牛。

我们要清楚，人生在世，方向决定命运。很多人因为错误的方向选择，最终一落千丈。有人就因为一次正确的选择，最终成就富足自在的人生。

有时候，我们常会在事物的表面现象上前行与生活，心中的浮躁与欲望的膨胀，使得自己无法冷静深刻地看待周遭的人事物，致使自己陷入自我营造的苦海当中；而一个能够看清方向和本质真相的人，一定是一个深入经典智慧的人，是潜心学习的人。他能够降服浮躁的心，用一颗平常心来待人处事，用一颗空杯心来学习。长此以往，自然启发智慧，自然可以辨别方向，清晰真假善恶的标准。

> **04 八** "用八德关照、修正自己，提升德行"

八：意思是要去除恶习，修持八德。

"孝、悌、忠、信、礼、义、廉、耻"是孔子德育内容的全部精髓，是人生的八德，也是做人的根本。

①孝（孝顺）

孝顺父母，这是为人子女的本分，孝顺是报答父母的养育之恩。往大了说，可以是对国家社会尽忠，这也是"大"孝。

②悌（悌敬）

"悌"就是兄弟姐妹互助，团结有爱。扩而充之，对待朋友也要有兄弟姐妹之情，这样人和人之间才能消除矛盾，相互谦让。

③忠（尽忠）

尽忠国家，这是作为国民的责任，要忠于祖国和人民。在工作上，"忠"也是要忠于组织和自己的工作职责。

④信（信用）

"言忠信，行笃敬"，人之无信，不知其可。第一，代表信誉，承诺他人或自己的事情一定尽全力去兑现；所做的事，必须要有恭恭敬敬的态度，认真去做，绝对不敷衍了事。第二，代表信仰。即便在别人面前信誉再好，若没有正知正见亦是枉然，因为缺少了做人的真正底线。例如有朋友约我们一起去偷盗，这个时候我们再守这种信用的话，就是愚信了。信誉，一定建立在正知见的基础上才可以。

⑤礼（礼节）

老话讲"国有国法，家有家规"，没有规矩不成方圆。做事要有礼节、有规律。不合乎道义的金钱不能要，不是自己该得的金钱不可取，守住自己的本分，遵纪守法。不但表面上要有礼，心理上更要恭敬，这是一个人的道德修养的体现。

⑥义（义气）

"义"是说人们应该有正义感。一个人为什么穷？与其不够讲义气也有一定的关系。一个人如果既贪便宜、遇事没担当、对朋友还不讲义气，一辈子定是很难有大成就。所以，我们要有见义勇为的精神，无论谁有困难，要尽力去帮助，有效精准地解决问题。做人有道义，大公无私、助人为乐，少些企图之心。

钱财的获取一定建立在责任与担当上，有多大的担当，就能获取多大份额的钱财；而"义"的另一面是奉献，获得了钱财后，要运用财富规则，无私地播种，这样才可以源源不断地获得财富。获取财富与播种财富皆合情合理，合乎正道，这便是义。"义利之辨"是中国传统文化的一个重要命题，义利是本末关系，而不是对立关系，谁都不会排斥谁。义是树根，是因，是"本"；利是枝叶，是果，是"末"。一棵茂盛的大树，树根扎得深，自然枝繁叶茂、硕果累累。

⑦廉（廉洁）

廉洁的人，无论何时，不起贪求之心，没有想占便宜的心，从而养成大公无私的精神。

⑧耻（羞耻）

凡是违背良心的事情，绝对不做。人若没有了羞耻之心，便和禽兽无异。"耻"也是自尊自重，孔子曰："知耻近乎勇。"知道错误就去改过，为当所为，不也是勇的表现吗？

再次问问自己是不是贵人，就看看自己是不是把这个"贵"字研究透并做到了？这是"贵"的底层逻辑，当我们成为一个贵人的时候，身边才会拥有更多的贵人。因此，真正的贵人珍惜的是一体与中道，看重的是自我德行与智慧的提升，提倡的是共同富裕。他不仅自己创造财富，而且可以广泛地去运用财富，并创造出更大价值，帮助更多的人。

所以，富与贵这两个逻辑，就是告诉我们：如果只管自己富有了，是"独富"，只有"众富"才是富与贵双丰收。若能够在自己富足以后，不断思考怎么让更多人都觉悟、富足，怎么让更多人都获得健康与财富，怎么让更多的人都明理，走向快乐、走向自在，才是大富长者，才是最富贵的人。

三、众富才是富贵的根本

在富贵路上，若只想独富，犹如用一捧浅水就想养活财富之鱼，必然是事与愿违；而与他人共富，就如同让财富之鱼生活在大海里，自然是自由自在，成群结队。

想富想贵，都不能只从满足自我富裕的角度出发，因为我们生活在集体中，同时个人的能力也是有限的，一人无法做到所有事。尤其是当今社会，物质与科技发展迅速，越来越能体现人与人之间互相依靠的作用。例如，我们大部分的时候都是使用者，使用别人生产好的产品与服务，若这些产品与服务都没有了，那

　　么生活的质量与保障都会大幅度下降，甚至难以维持。因此，我们一切成功的基础都源于"众富之道"，富与贵都要投身到实现众富当中。

四、众富比独富更容易

我们要团结大家，和大家一起努力实现"众富"，这样便能让事情做得更轻松、更容易。一人拾柴火不旺，众人拾柴火焰高。在一切事务中，一个人的力量是有限的，不能单打独斗，要依靠大家的力量，发挥集体的智慧，把大家团结起来，心往一处想，劲往一处使，就能办成大事、好事。这个道理自古就有，众人抱团一齐心，肯定比个人力量强大，个人再怎么有本事，毕竟势单力薄。所以，一定要互相帮助，互相照顾，才能干出一番大事业来。

这与治沙的道理是一样的，一棵绿植是无

法治理整片沙漠的，只有成片的绿植才能治理沙漠。同理，我们生活的诸多内容都离不开他人的制造与提供，若是对方都已经贫瘠，那么我们自然也不可能富裕；相反，若是整个社会都是富人，一个穷人在这样的社会当中，无论是富人给予的提点还是帮助，都能助其踏上致富之路。

一个企业，若是老板想富裕，可是他的员工没有钱，客户没有钱，合作伙伴没有钱，社会没有资源，这个老板再怎么想富裕都是于事无补的；再比如说，假如只有老板、员工挣钱了，结果把客户的钱弄没了，那最后生产的产品将无人消费，最终也是坐吃山空。又比如老板发了财，但员工却没有发财，最后员工定是要跳槽、不干了。

所以，一群具有很强团队意识的人在一起合作，他们所创造的价值远比一群没有团队意识的人所创造的价值要多得多。可见，众富比独富更容易。只有共同富裕，众人都富了，个人才能实现长远的富裕。因此，我们需要先有使众人富裕的目标和决心，才能在行为上促成集体富裕，就不会再只关注自己的事情而忽视他人了。

众富的几个核心：生态、国家、社会、老板、员工、客户

对于生态：不伤害、不污染生态环境。

对于国家、社会：遵守国家法律法规，遵循社会的发展规律。

对于老板、员工：老板和员工一条心，让大家能在各自的工作岗位上创造价值。

对于客户：包含始端客户和终端客户。不仅是让客户消费，更要让客户实现共同富裕，让客户买的东西越来越有价值，越好越省钱。只有客户越来越富贵，商业、农业、工业才能有真正的消费者。今天，我们要创造这样的机制，要有这样的思维，要有这样逻辑。要知道抛下团队自己跑路，注定活不长久。如果地球只剩一个人，那还有什么意思呢？因此，在富裕的路上，要有"一个都不能少"的意识，要发这个心。

我们富了，没有考虑别人共同富裕，那会引发别人的嫉妒、怨恨，这种嗔恨叫仇富心理。这种心理大家都知道，心理产生的能量能伤外

边的东西，同时也会伤了自己。首先，嗔恨心，
伤心；其次，怨恨心，伤脾；再次，往大了放，
怒恨怨恼烦会把五脏都伤了。

五、众富比独富更长久

为什么众富比独富更长久呢？因为大家更容易互相帮助、互相成就。确定一个共同的目标，肯定更长久。以修高铁为例，在我国是很容易的，各省统一按照中央政令，一个决策下去一块干。要是在某些国家，几乎不太可能，因为各个区域都是独立的，就会出现"你想修高铁到我这儿，我不让修；我这边有飞机，我就不让你修高铁，因为高铁一修我这飞机就不挣钱了；或者是我有汽运，你把高铁一修，我这汽运就不挣钱了"的情况。就这样，很多年也修不了高铁。

反过来，如果大家互相牵制，那就跟掰手腕、拔河无异，社会的大量精力都会被放在互相的牵制上：你想富，我整你；你要大，我整你；你想超越，我整你。像这样把精力都投放到互相竞争上，而不是竞赛上，就会有所损耗。竞争，会引发战争。竞赛，才是一种"竞和、竞让、积极"的机制。总的来说，真正值得我们激发的是竞赛机制，而不是从竞争到战争的机制。

众富就是竞赛，看谁能够更加彻底地先帮到更多人富裕。如果是比这个，那么大家的公心就能生出来。公心为善，私心为恶，有公心就会越来越吉祥、和谐，这个社会也能实现"夜不闭户"。

从容易、长久的角度上看，比如全村都

是富人，如果我们有一天不慎落难了，那么一出门全都是具备众富心理的富人，人人都愿意伸出援助之手，哪里都会有贵人。所以说，众富更长久。

六、众富比独富更自在

众富比独富更快乐、更幸福、更吉祥、更自在，为什么这么说呢？想想今天一些"独富"的富人们，出门时要带上好几个保镖，还往家里杵个高墙，每天提心吊胆，没有自由，甚至家族成员也是提心吊胆。但是，若大家都能富裕起来，所产生的便不再是贫瘠的心理，再没有贪抢掠夺，而是一种知足与分享。如此，一定是众富比独富更快乐、更幸福、更吉祥、更自在。

七、实现众富的三部曲

三部曲，指的就是实现众富的"三项修炼"，分别是：利他心性的修炼、公益播种的修炼、经济回收的修炼。这三项修炼，是实现众富的主要践行内容，更是实现幸福人生的重大保障。同时，这三者之间又是相乘的关系，如果其中一个为零，那么结果也将归零。

五福临门＝利他心性（真诚、谦卑、平等、无私的善心）×公益播种（及时、慷慨、重复地做善事）×经济回收（智慧、严谨、专业地进行回收）

比如，当"利他心性"是零（没有利他心）

时，那么再如何努力去做"经济回收"都是举步维艰、昙花一现，甚至可能越努力其结果越悲惨，到头来白忙一场。

换句话说，心是成败的源头，"果实"皆是心的一种呈现，修炼出一种利他的心性是至关重要的。自私、小我、孤僻、对立，以及忽视或伤害其他任何生命体，都是在给自我的致富之路制造障碍。那么，如何落实这三项修炼，是需要我们特别重视的关键。

1. 利他心性的修炼

（1）何为利他心性的修炼

对待人事物时，无论好坏顺逆，都使心保持在真诚、谦卑、平等、无私、感恩的状态，这就是利他心性的修炼。

利他心性的修炼管理，是三项修炼的根本，决定着其余两项修炼的方向与对错，对于我们的财富结果有着直接的影响。通常所说的"心生万物""相由心生""境随心转"，也都说明了心之重要，心支配者我们的思想、行为、语言，从而决定了我们的各项选择、对善恶是非的鉴别力以及待人处事的态度与方式方法等。心性也分为两种：一种是富足的心——谦德、利他、担当、接受、仁爱、平等、真诚等，属于仁、义、礼、智、信的状态；另一种则是贫穷的心——嫉妒、怨恨、傲慢、愤怒、悭贪等，属于怨、恨、恼、怒、烦的状态。这两种不同的心性，决定着两种不同的人生轨迹与命运。所以说，利他心性的修炼是三项修炼的首要内容。若心性的修炼出现了问题，那么公益播种与经济回收也都会出现问题。

而心性决定每个人的三观，每个人财富价值观的正确与否，决定了个人、社会、国家乃至整个世界的经济走向和发展方向。它决定了到底是选择以掠夺的方式作为经济收入来源，还是选择以播种、合作共赢的方式来创造价值，并通过解决个人以及社会发展中存在的问题来换取金钱，获得真正的财富。可见，心性对实现共同富裕的重要性。

举个例子来说，当一个人不具备富足的心性时，就没有相对正确的财富观，生发不出做公益播种的行为以及经济回收的智慧，从而可能通过各种手段获取不义之财（例如掠夺、贪占、偷盗、邪淫、游戏等相关层面）。如果我们获得钱财的方式与财富法则不符，这样的钱财一定是不祥的，甚至会让个人、家庭、企业、国家走向悲惨的结局，导致整体负债！

可见，富裕是来自心中富足利他的心性，心性富足、利他，才能引发"公益播种的行为"，从而种下富贵的种子，有了富贵的种子，才有机会实现"经济果实的回收"。反之，当一个人的内心是贫瘠的时候，与他相对应的就是悭贪、吝啬、傲慢、自私、嫉妒的心性，这样的心性也就决定了他很难有"公益播种的行为"，从而就会与财富的果实渐行渐远。因为"不种，就没得收；种得少，收得少；种得多，收得多；种得越用心，果实就越丰硕"。

当一个人真正想要为社会创造更大的价值时，不仅要努力提高自己的技术与能力，还要不断提升自己的"心力"。所以，获得财富的第一步是让心先变得富裕起来。福田心耕，心在生命的整体进程中起到的作用是巨大的，但一般少有人会注意到并使用它的强大力量！细心观察，我们会发现：一个人在面对各种困难或考验时，"能力"所起到的作用是占比不太大的，往往一件事情最终的成功都是由于内心的坚定和强大，心可以主导行为而创造奇迹。因此，当一个人真正想要为社会创造更大的价值时，重要的是得不断提升自己的心力，进而用富贵的心性引导富贵的行为。只有心变了，结果才会发生本质的改变，心多富有，人生就多富有。

《大学》有云："货悖而入者，亦悖而出。""仁者以财发身，不仁者以身发财。"来路不正的钱财，也必将通过不正常的方式失去，此谓"凶财"必凶入则凶出。害人者必害己，利人者必利己。有智慧的君子，会通过金钱来提升生命的品质、价值与境界，金钱对他来说仅仅是工具；而没有智慧的小人，则会拿自己宝贵的生命去换取金钱，把追求金钱当作人生的唯一目标，同时把珍贵的生命看作追求金钱路上的工具。本末颠倒，得不偿失。如果我们不明白心性的重要性，每天还在忙、盲、茫地埋头苦干，就会在追求财富的路上越走越远，甚至为了赚钱做出与财富法则相悖的事情。即使一部分人侥幸暂时赚到了钱，但这笔钱到最后也很难留得住，反之还可能招来各种不如意的事情，最后的支出可能远远大于当初赚的那笔"小"钱，还可能因此付出了前途或不可挽回的代价，何其不值！

总的来说，财富在于你是用什么样的心去创造它，高品质的富贵之心，成就高品质的生活；低品质的贫穷心，只能呈现低品质的生活。

（2）降服贫穷的心性

贫穷的心性，会直接或间接地影响甚至伤害身边的人事物，将我们与财富的距离拉得更远，成为我们与财富之间一条难以逾越的鸿沟。当一个人的内心足够富裕的时候，才能吸引到财富。反之，当一个人的内心是贫瘠的时候，他的行为自然也就与财富渐行渐远。同时，不同的心性对应着不同的能量等级，不同的能量等级也就显化为不同的财富状况。贫穷与富贵，只是我们心性状态呈现的结果。

①贫穷心性之"贪心"

什么是贪心，它对我们有哪些伤害？

当我们处于贪婪的状态时，总会觉得不满足，攀比、虚荣、焦虑，接踵而至。贪心是贫穷的根本，内在的悭贪会导致我们的财富之树被连根拔起，让我们的财富之车脱轨而行。我们要知道，贫穷对一个人来说并不可怕，可怕的是贫穷还贪婪，穷而好吃懒做，不停地抱怨，不懂得感恩，不珍惜机会，不积极进取。这样的人，往往会把自己弄得举步维艰、穷困潦倒。

　　人类所有的痛苦和愁苦几乎都跟贪心有关，无论是贪财还是贪色、贪名、贪享受……"人为财死，鸟为食亡"，这个定律每一个时代都被反复印证，每一个贪心的人，也都为自己的贪欲付出了沉重的代价。

　　日光之下没有新事，所有贪的名利、钱财等，没有一个人可以带走。古时那些金碧辉煌的庭院楼阁，如今早已经变得枯木萧条；从前那些赫赫有名的富贵人士，后来的人早已经不知道他们的名字。

　　当一个人的欲望过于膨胀时，就会变得贪婪，而贪婪也是最真实的贫穷。古往今来，因贪婪成性而身败名裂，甚至招来杀身之祸的人不胜枚举。例如：和珅，一个被欲望控制、被名利摆布的人，为满足自己，他残忍地将贪婪之爪伸向百姓，从他们身上榨取银两，阳奉阴违，结果落得个满门抄斩的下场，背上了千古骂名。贪婪的人，永远得不到幸福，因为他不知道幸福的定义是什么。而没有了幸福，纵然坐拥金山银山，又有何意义呢？他仍然是一个漫无目的的流浪者，心中储满了贪婪、贫穷，口袋里装满了寂寞，心灵里也满是空虚。贪心是一种自我摧残，没有一个贪心的人，可以过得很安稳、很平静，并且这种人常常是伤痕累累、疲累愁烦的。

所以，要想拥有真正的财富，就看自己到底是否爱惜一切物质，包括植物、矿物和一切动物？而这一条件的根本就是不贪。比如你说爱小猫，结果你把小猫给拴上，不让它离开自己，那这不是爱它，而是控制它、占有它。再比如两口子相处，你爱她，然后就不让她离开你的视线，或者啥也不让干，这也不是爱，而是贪。我们说，爱分为不同的种类，有歇斯底里的爱，有巫婆式的爱，有乌托邦式的爱，还有一种是慈爱——慈悲的、无条件的关爱。例如小两口刚开始是乌托邦式的爱，幻想着美好的未来和二人世界，啥也不管。还有一种歇斯底里的爱，就是为了爱这个人可以寻死觅活。另外一种是巫婆式的爱，表面上是爱对方，其实是把他控制了，还是为了满足自己的占有欲，这种爱也不是财富的本身。真正的爱是不贪的，但不贪并不是无爱，而是把小爱扩大为大爱。换句话说，爱是关爱，是为对方着想。贪爱，是为自己着想，是对方的死活都不管，就是一意孤行地要这么做；关爱，是了解对方的需要。所以，一定要化贪爱为关爱。

厚藏必亡，只要是贪爱，就像一个人背了

一座大山，是走不动的。贪的越多，就等于背着越重的山。牵挂的东西太多，什么都干不成，你执着什么，什么就将变成你的牢笼。比如你爱这个房子，这房子就是你的牢笼，因为你心心念念都在被这房子所牵引。要知道所有的贪爱都是自毁毁它，你贪恋什么，就会被什么纠缠、牵引、困住。

所以，爱是关爱的爱，而不是贪爱的爱，爱而不贪很关键。只要贪爱任何一个人事物，不管是矿物、植物，还是不同类别的动物、事物，只要存在贪心，都跟财富没有关系。贪心就像沼泽地里的淤泥，一旦掉进去，就会吞没人。其实贪心是一种病态，当一个人贪心发作的时候，就会缺乏爱，只看利益。

如何降服贪心？

"人心难满，欲壑难填"，要想真正除去贪心，唯一的出路就是以大爱的生命取代腐坏的生命。根基不一样了，贪心自然会越来越小，取而代之的就是知足和喜舍，从而生出众富之心，明白分享与共同富裕的益处。

你爱对方，就要让对方发挥最大价值，也是"人尽其才，物尽其用"，这叫爱。如果想爱一切物质而无贪恋，要明白它有什么作用？它该在哪？该用在哪？该让谁用？而不是自己占有它，否则自己也只能变成它的"奴隶"，被锁在里面。明白了这些，才是真正地走在了众富之路的大道上。

在这快节奏的时代，希望我们走上众富之道，洁净贪欲，感恩知足，使我们每一天可以过得轻松喜乐。切记: 贪心是毒药，黄金能吃人。知足是良药，天粮滋润人!

②贫穷心性之"嗔恨心"

什么是嗔恨心，它对我们有哪些伤害?

当我们处于嗔恨的状态时，往往会被自己的情绪所支配，内心失去平静，智慧降低，福报受损。在生活中，我们处处可以发现由于嗔恨导致的矛盾和对抗，或是因意见不合而恼羞成怒，或是因利益冲突而彼此横眉冷对，或是因批评教诲而产生纠结苦闷……当他人对我们构成影响和对立时，都极易引发我们的嗔恨心，更有甚者，还会将属于自己的过错迁怒于他人。可是，我们分析一下就会发现，嗔恨实在是愚痴的表现。当我们生气时，等于是"拿别人的过错惩罚自己"，使自己成为首当其冲的受害者，并且使微小的冲突不断升级。我们做过的好事，就好比一片财富林，当遇到别人指责或冤枉时，千万不要真的生气、动怒，否则就是"火烧功德林，前功尽弃了"，到时候再多的财富之树都会凋零。

如何降服嗔恨心？

情绪是不能用控制的方式来处理的，必须要采取疏导和转化的方式，才能真正地化解嗔恨心。而嗔恨和慈悲是相对的，好比手心和手背。因此只要我们多培养、增长慈悲心，嗔恨心就会越少。我们可以学会用止观去观察自我的内心。能观就能止，从观察到不观察。观察，是找到让水面平静的方法，内心平静了，就如同水中映月。水面越平静，照的月亮也就越清晰。我们每个人都可以用自己的水映月，心如明镜。现在为什么照不了月亮，往往深陷人事物中，看不见真相了呢？是因为自己内心的水在搅动，所以看不清事物本质。现在，大多数人心的状态每天都在"刮大风"，刮地风、刮狂风，大浪淘沙，惊涛拍岸。我们每天如果都是这个兴风作浪的心，怎么能够载舟、映月呢？怎么能够看清海底和湖底呢？而照不到，就没智慧，就看不清事物的本质。所以，当自己嗔恨时，学会内观，一切都是自己的内心起了风浪，一切为心造。因此，试着从自他交换的角度，转变自己的情绪，以更积极的慈悲心、仁爱心来看待世界，是化解嗔恨心的主要方法。

除此之外，我们也要常常问一问自己："我今天做了多少好事？心里产生了多少慈悲心？是不是有嗔恨心？或是心中有嗔恨，但是没有显露出来？"就像曾子所说的"吾日三省吾身"，经常反省自己的行为、语言、心里的念头，有了这种自我检讨，嗔恨心也会愈来愈少。爱人者人恒爱之，海纳百川，心容万物，学会欣赏、接纳他人的优缺点，才能成为那个更富足、幸福的人。

③贫穷心性之"抱怨心"

抱怨就好似一块寒冰。在生活中，我们常常会听到各种各样的抱怨：抱怨父母偏心；抱怨爱人不像以前那样在乎自己；抱怨婆婆不帮忙带孩子；抱怨孩子太皮；抱怨上司脾气太大；抱怨公司待遇太差；抱怨家人不关心自己；抱怨薪水与付出不成正比；抱怨人生不如意……总之，有的时候是我们抱怨别人，有的时候是别人抱怨我们，有的时候是别人向我们诉苦。但是，几乎很少听到有人"抱怨"过自己——我为什么会有这么多的抱怨呢？

试想一下，如果公司下属对上司抱怨，你作为上司会欣赏这样的人吗？家里夫妻相互抱怨，能和谐长久吗？与朋友相处时，常常抱怨，那么自己的人际关系能好到哪里呢？所谓怨天尤人，总觉得世间不公平，觉得公司里的人都对不起自己，是人生危险的讯号。因为你对周围的热情不够，对人生的际遇认识不清，对自己的付出心有不甘，对自己的获得有所不满，因此愤愤不平，总觉得什么都不顺利。要知道先要有所付出，才能赢得相对的回流；如果只是抱怨，怎么会有好的结果呢？只会让自己的精神状态越来越匮乏，从而导致物质的缺乏，远离富贵人生。

有个经典故事讲：曾经有一个人，总是向客人抱怨对面住的那位太太衣服永远洗不干净，晾晒的衣服上总是斑斑点点。有位细心朋友来访时发现，不是人家衣服没洗干净，而是抱怨者自家窗户上有灰渍。朋友擦掉灰渍后说："您看，这不就干净了吗？"

据说很久以前，兔子也是两瓣嘴唇。有一天，兔子向上帝抱怨说："我们兔子是世界上最善良的动物，却到处受到猎杀的威胁，真是不公平！仁慈的上帝啊，我再也不想做兔子了！"

上帝非常同情它，于是问它想变成什么。兔子说："我想变成有翅膀的鸟，这样，老虎和狼就别想动我们的歪脑筋了。"上帝于是把它变成了鸟。

可是没过多久，鸟又来诉苦，说自己饱受毒蛇和老鹰的威胁，说什么也不当鸟了。上帝又问它想变成什么。兔子说："我想变成人，这样我就不怕毒蛇和老鹰了。"上帝于是把它变成了人。

然而没过几天，人又来诉苦说："这哪里是人过的日子，到处钩心斗角，还有战争，血流成河。天哪，我绝不做人了。"上帝又问它想变成什么，人说："我想变成上帝，这样我就不怕战争和贫穷了。"这回上帝没答应他的要求。

人说："既然不能变成上帝，那么上帝，还是请您把我变回兔子吧！这样我就可以回到我的父母身边，可以过我祖祖辈辈过的生活了。"上帝听了，很生气，说："你对我抱怨这么久，原来只是为了满足你这些无聊的愿望！我会把你变回兔子，但是为了惩罚你无聊的抱怨，我决定把你的嘴唇割破一道口子。"于是，上帝把它又变回了兔子，但是从那以后，兔子就变成了三瓣嘴。

人生不如意事十有八九。如果一遇到不如意的事就抱怨，火冒三丈，那么我们的心力、时间就将被毫无意义地消耗掉。有的时候，明明一切尚能挽回，而我们却只顾着抱怨、发怒，那么机会和财富将在抱怨中偷偷溜走；如果一切已不能挽回，那么我们的抱怨和愤怒除了徒增烦恼、阻碍前进之外，别无益处。我们可以观察一下，在自己所认识的人中，爱抱怨发火的人和积极阳光的人都分别在过着什么样的人生，而自己想要成为哪种人，过什么样的人生。总之，是选择抱怨、发怒，还是选择积极、阳光，就看自己对"财富之树"是否懂得善待了。不怨天尤人，不愤怒嫉妒，就是在呵护自己的财田，这样就不愁养不出财富之果。

④贫穷心性之"嫉妒心"

什么是嫉妒心，它对我们有哪些伤害？

嫉妒会让我们看不见对方的优点，无法从他人身上吸取长处，从而提升自我。虽然人类的心灵可以比天空更为广阔，但也可以狭窄到不能容纳自己以外的任何人。当嫉妒遮蔽我们的心灵时，我们容不下别人的荣耀，容不下别人的成功，容不下别人的幸福。嫉妒是一种可怕的心理，我们会出于嫉妒去诽谤他人、干扰他人，处处给别人设置障碍。例如：你开好车，我就嫉妒开好车的；你有钱，我就嫉妒有钱的。

这个就形成了社会两种巨大的反作用力，互相牵制、矛盾重重。

人有嫉妒心，首先伤害的是自己。嫉妒心一旦起来，我们就会见不得别人好，不停地攀比，一旦发现别人比自己优秀、条件比自己强，就会与对方产生敌对的心理，再千方百计通过贬损对方的方式获取心理上的平衡和安慰。嫉妒还会蒙蔽双眼，让我们对别人的优点视而不见。嫉妒也像火焰，内心的财富良田会被它烧得寸草不生。傲慢心是让人栽跟头的，嫉妒心是让人远离美好的，嫉妒和傲慢这两种心理是引发各种战争、斗争，以及各种人祸的根本。同时，要随时自我觉知和总结，自负的结果就是傲慢的，自卑的结果就是嫉妒。

有嫉妒心，不可能成功，因为嫉妒什么，

什么就会离你而去。

如何降服嫉妒心？

只有用随喜心才能降服嫉妒，生发一颗公心。有时候，可以静心去思考，对方比我们富足的主要根源在哪里，明白对方现在的富有都是因为过去曾践行财富的法则，符合了财富的规律，而现在收获了相应的果实而已。当自我公心发出的那一刻，也会发现少了很多的烦恼。公心发出，则嫉妒心、傲慢心也没了。我们就如同从掰手腕变为合掌。为什么合掌？这个合掌不是简单地把双手往一块合，而是真真正正地成为一体，万物同根，恭敬一切。拥有一元整体观，就不会再去瞧不起他人。用这个合掌，恭敬没钱的，恭敬有知识的，恭敬没知识的，统统要恭敬。当我有知识时，我要学会教更多人有知识；当我没知识时，我也要去精进地思考如何去学到更多的知识去帮助他人；当我有钱时，要思考怎么去耕作，帮助更多人，救穷救难，悬壶济世。当我没钱时，要思考怎么安贫乐道，怎么样去生出大恭敬心，然后勤俭持家。如此，又怎会有嫉妒心？

《礼记·大学》中说："君子先慎乎德。有德此有人，有人此有土，有土此有财，有财此有用。德者本也，财者末也。"意思就是：一个人如果有好的德行，就会有人拥戴；有人拥戴，就会拥有资源和资本；有了资源和资本，就会获得财富。可见，人是创造财富的基本条件。有的人，常常眼里不容人，看不惯这个，容不得那个，于是最后弄得自己成了孤家寡人，疲惫不堪，前功尽弃。

真正的富，是来自对其他生命的帮助与支援。今天，我们不帮助弱势群体，就不是富；不恭敬老师，就不是富；不恭敬父母，就不是富；不恭敬自己的身体，就不是富贵。恭敬世间万物，当生出这份公心时，明白我与万物一体，就不会存在嫉妒心。

所以，贫富本就是不同的状态，如果一味地嫉妒眼红，而不去探求对方富贵、幸福人生的根源，就无法取长补短，改变现状，提升自己财富的资本。因此，当我们处于嫉妒的状态时，就远离了财富。当内心降服了自卑与嫉妒、自负与傲慢时，贫和富就成为一体。富人开始为富善仁，帮助更多人走向共同富裕；贫困者也会安贫乐道、积极进取。关于安贫，就是要明白过去自己是由于没有真正地去播种过足够的财富种子，所以今天没有收获所需的物质与果实。

⑤贫穷心性之"傲慢心"

什么是傲慢心，它对我们有哪些伤害？

当我们处于傲慢的状态时，会在无形中阻碍自己持续谦卑播种的行为，从而失去了善财滚滚的机会。傲慢心也是一种自卑的体现，说明自身还缺乏真正的自信，既没有清晰地认知自己，也没有如实地了知他人，所以极易产生较为极端的心念。傲慢心重的人，会不由自主地观察他人的缺点，评论他人的过失；不容易与别人合作，处处想表现自己，得到别人的赞扬；不能采纳别人的意见，不能容忍比自己强的人。傲慢心重的人，很难由衷地去赞叹他人。

《尚书·大禹谟》中亦有言:"满招损,谦受益。"意思就是:骄傲自满招来损失,谦虚谨慎得到益处。一个傲慢心重的人,无论是学识还是道德修养,都很难有所长进。因为他看不到自己存在的不足,看不到别人的长处,所以目中无人。对于他人的意见不会认真听取,对于他人的学识也不会虚心学习,这无疑会阻碍自身的进步。而且,长此以往,他的"自我"会越来越坚固,烦恼也会越来越重。

如何降服傲慢心?

世界之大,山外有山,人外有人,每个人都是独一无二的。如果只是局限于小小的圈子自以为是,就如井底之蛙的无知与狂妄,缺乏眼界与格局。我们只有拥有更大的心量、更宽的眼界、更高的追求，才会越来越谦逊、随和。培养感恩心，有助于降伏傲慢。想想，自己有什么可傲慢的呢？如果离开了国家的庇佑、父母的养育、老师的指点、团队的帮助、顺逆因缘的助成，单凭自身的能力能有多少成就呢？所以，应该正确地观待一切因缘，而非盲目执着于傲慢的感觉。如此思维，就能避免盲目骄傲而自我膨胀，反之把谦卑和精进当作更好的前进动力。

当一个人真正想要为社会创造更大的价值时，就会视一切人事物为自己播撒财富种子的福田，既不会妄自菲薄，也不会自视甚高，这是极其重要的人生智慧。如此，我们便可以在生活中时刻保持豁达的思想和谦卑的心态。

有这样一个比喻：当您站在第一层楼时，有人骂您，您听到了很生气；当您站在第十层楼时，有人骂您，您听不太清楚，还以为他是在跟您打招呼；当您站在第100层楼时，有人骂您，您根本看不见也听不见。所以说，一个人之所以痛苦，是因为高度不够，看到的都是问题；格局太小，纠结的都是鸡毛蒜皮之事。因此，我们要去除贪心、嗔恨心、傲慢心、嫉妒心、抱怨心……转变消极情绪为积极乐观的心态。当我们转变了自我心性时，就能转"贫穷"为"富贵"。

（3）显化富贵的心性

富贵的心，就是我们在面对生活中各种人事物时，所生起的端正的心念，其中包括慈悲心、赞叹心、恭敬心、感恩心、真诚心等。这些心念会直接间接地祝福甚至助力身边的人事物，也是在将我们与财富的距离缩短，成为我们与财富之间一条直通的高速通道。我们的每一个心念都在创造自己当下与未来的命运，什么样的心就对应什么样的能量，也对应着我们富贵的等级。如果我们的心性被自私自利所扰，就会忘记自利利他的本性，隐藏人人具足的财富本能，从而走向贫穷困苦的深渊。我们的心是富贵人生的主宰者，心一旦出现了问题，就会导致违背伦常的错误行为和偏颇的生活方式，从而影响我们周围的能量场，慢慢从积极变成消极，从高频率变为低频率。其实贫穷与富贵的结果，是我们心性的状态呈现。最重要的还是心性的区别。若我们想要改变现状，就要提升自我的心性。

①富贵心性之"慈悲心"

慈悲心是指宽厚慈爱，具有同情心、怜悯心。仁爱是一种发自内心的善意，对一切人事物心存善意。当我们看到社会上形形色色在苦难中挣扎的人时，要有悲悯之心，要发心为他们解决烦恼、提供支援，让更多的人从烦恼和痛苦中解脱出来。看见弱者需要帮助，自然而然地想去帮助他、关怀他、体贴他，伸出援助之手。一个具备慈悲心的人，其生命力量就容易焕发出来，就会干劲十足。

②富贵心性之"赞叹心"

赞叹心，是心量与慈悲的体现，见人行善，心生欢喜，见人利他，心生欢喜；赞叹他人的善行，本身就是一种善行，而且人家知道以后，会更加勤勉地行善。同时，也是在不断巩固自己的善心。

我们常常可以看到、听到一些美好的事情，或许是我们身边的同事和朋友，为急需帮助的人及时地伸出了热情的手，给予别人帮助；或者是在媒体上看到，有人开通了一条公益热线，给予那些心理上有疾病的人及时的关照；或者有人捐赠了一大笔的善款，去帮助灾区；或者有人在别人处于危难当中时，不顾自己的安危，去贡献自己的力量，帮助危难当中的人。我们应赞叹他们，并且希望自己在未来也可以成为像他们一样及时地为他人伸出援手的人，这就是在播种富贵的种子。

③富贵心性之"恭敬心"

恭敬是一种明理的状态。恭敬不是表面上的，而是发自内心的，清晰地看到我的生活、我的成长无一不是每天接触的人事物所成就的，进而生起感恩之心，继而生出恭敬心。当一个人的心处在一种非常虔诚和恭敬的状态时，他的内心是纯净的，他的生命状态就是幸福的。当他带着这种心态去面对有德之人时，这颗清净心和他所恭敬的善知识的心就能够感应，会产生一种心灵的连接，他就能从对方身上得到很大的加持。如此在与人事物相处的过程中，就可以学到更多的东西。

④富贵心性之"感恩心"

做人，时时都要把感恩心升起来，每天以报父母的养育之恩、师长的悉心栽培之恩、领导的知遇之恩、同事在一起的共事之恩、国家的庇护之恩的心态来生活、工作、成长。

当一个人离开学校、步入社会时，工作便

是通过创造价值来回报社会和国家的主要途径。如果不工作，便无法给他人提供帮助和创造价值，也就难以获得财富。而我们能有今天这样安稳的生活和工作，都离不开国家、父母、师长、领导的关照以及身边所有人对我们的帮助。怀有一颗感恩的心，能帮助我们在逆境中寻求希望，在悲观中寻求快乐。永怀感恩之心，常表感激之情，原谅那些伤害过自己的人，人生就会充实而快乐。因此，常怀一颗感恩心、报恩心去工作和生活，用心创造最大的价值来回报这一切，是获得财富的必要前提。

⑤富贵心性之"真诚心"

真诚心待人方能得利。有了真诚就能建立信任，失去了真诚就失去了信任。我们要时时刻刻反问自己所做的事情是不是能给别人带来真正的成功。拥有一颗希望他人获得成功的真诚之心，再做出真正能够帮助他人走向成功的事，我们才算是种下了成功的种子。我们对人越真诚、越勤奋，收获的果实就会越多。当我们以一颗真诚无私的心来帮助他人成功，让对方都能因我们的帮助而成功时，自己也必然会成功。

真诚心是一种对待人事物时至诚的心态。真诚是心无恶意，待人友好；真诚是为人简单，做人端正；真诚不是刻意讨好，而是真心对待；真诚不是甜言蜜语，而是行动起来；真诚不是有所保留，而是坦诚相待；真诚不是表面热情，而是内心赤诚。一个真诚的人，不会戴着面具做人，不会怀着目的交友，说得诚恳，行得端正，做得坦荡，不辜负朋友，不亏欠他人，友好礼貌，用心待人。一个真诚的人，不会为了钱财出卖朋友，不会为了利益伤害自己，有原则和底线。重感情，讲诚信。再大的威胁，绝不改变；再多的诱惑，绝不动心。一个真诚的人，眼睛是清澈的，不会藏污纳垢；心灵是干净的，不会谄媚逢迎；笑容是真心的，不会笑里藏刀；语言是真实的，不会心口不一。一个真诚的人，和朋友交往不玩套路，和家人相处无条件地付出。

这里有个很受启发的故事，正好有助于我们理解真诚心。

从前有一个乞丐每天出门乞讨，他很想过正常人的生活，于是他总要乞讨一些粮食积攒起来。可是积攒了好多年，他的粮仓还是只有一点米。他不明白是怎么回事，于是他打算弄个明白。

一天夜里，他悄悄地躲在一个角落看着他的粮食。结果，他看见一只大老鼠来偷吃他的粮食。于是他很气愤，就对老鼠喊道，富人家那么多粮食你不去吃，为什么偏偏偷吃我辛辛苦苦攒下的粮食？突然，老鼠说话了：你命里只有八斗米，走遍天下不满升。乞丐不解，问道，这是为什么？老鼠对他说，我也不知道，你去问佛祖好了。

于是，乞丐下了决心，要去西天向佛祖问个明白。乞丐第二天就出发了。他一路乞讨，走了好多路。这一天，他好不容易赶在天黑才见到一户人家，便上前敲门，有一个管家出来为他开门。正好员外出来看见了，就问乞丐为什么这么晚了还在赶路。乞丐就讲了自己的命运，说要去找佛祖问个明白。员外听了赶紧把他请到屋里坐下，并给他准备了许多干粮和一些银子，并拜托乞丐也替他问佛祖一个问题：为什么他的女儿都16岁了还不会说话？乞丐答应了，带着两个问题又上路了。

乞丐又走了许多路来到一座庙前，就进去讨水喝。看见一个老和尚拄着一根锡杖，样子虽老，但很精神，老和尚给了他水喝并且叫他休息一会儿，遂问他要到哪里去。乞丐说明去向，老和尚赶紧拉住乞丐的手，也拜托乞丐一定替他问佛祖一个问题：我都修行500多年了，按说早该升天了，为什么还没有飞升？于是乞丐也答应了这个老和尚，带着三个问题又上路了。

翻过多座山后，乞丐来到一条大江边上，江里没有一条船，没办法过江。乞丐着急地哭着说：这可怎么办？难道我的命就该这么苦吗？

突然，江里一只老龟浮出水面，问乞丐在这里哭什么。乞丐把事情经过讲了一遍。老龟对他说：我驮您过江，您也帮我问佛祖一个问题，我都修行了1000多年了，按说早该成龙飞走了，为什么还是一只老龟？乞丐很高兴地答应了，于是他带着四个问题去见佛祖。

乞丐又走了不知多少天，边想离佛祖还有多远，边迷迷糊糊地睡着了。突然佛祖出现了，乞丐很高兴，又看到很多人都要向佛祖请教问题，佛祖对大家说，每个人最多可以问三个问题。乞丐觉得：老龟修行了1000多年了很不容易，它的问题应该问问；老和尚修行了500多年了也很辛苦，他的问题也应该问问；员外的女儿很可怜啊，不能说话怎么嫁得出去？他的问题也应该问问；自己的问题和他们的相比没那么重要，大不了继续做乞丐。于是乞丐毫不犹豫地问了第一个问题。佛祖告诉他，老龟是因为舍不得它那背上的龟壳才变不成龙的。它的龟壳里有 24 颗夜明珠，如果它把龟壳去了，就可以化成龙了。第二个问题佛祖回答，老和尚整天都拿着他的宝贝锡杖，心里整天记挂着，他的锡杖是个宝物，用它在地上一扎，地上就会有清泉出现。如果老和尚舍得放下那根锡杖，他就可以升天了。乞丐很高兴，又问了第三个问题。佛祖回答，如果哑巴女孩见到她的郎君来了就会说话了。

乞丐打算继续乞讨过日子，于是就赶紧往回走。乞丐回到那个江边，老龟正在等他，老龟驮他过了江，乞丐传达了佛祖的话，老龟一听就明白了，于是就把龟壳脱了下来送给乞丐说：这里面有 24 颗夜明珠，是无价之宝，对我已经没有用处了，我就把它送给您了。于是老龟马上就变成龙飞走了。乞丐拿着 24 颗夜明珠接着往回走。回到庙里见了老和尚，也向老和尚传达了佛祖的话，老和尚一听非常高兴，于是就把那个宝贝锡杖送给了乞丐，老和尚马上就腾云飞走了。乞丐回到员外家门口，突然从里面跑出一个大姑娘大声喊道：那个问佛祖话的人回来了。员外也跑了出来，很吃惊他的女儿怎么突然会说话了。乞丐也传达了佛祖的话，员外非常高兴，于是就把女儿嫁给了乞丐。

可见，真诚地为他人着想，将心比心，帮助别人满足心愿，自己的心愿也必定会实现。拥有真诚心去待人处事接物，财富机遇自然会来，贵人也会不请自来。

人的这颗心，对财富以及人生的影响是巨大的。在生活中，常会听到有人说："只要心好就可以了。"可是，他并不知道什么是"好心"？其实，万事万物的存在都是有标准的，不是我们自己认为怎样就是怎样。同理，好心也是有标准的，违背了标准，自圆其说也是没有意义的，反而成了自欺欺人。那么，"好心"的标准是什么？当你能做到不嫉妒、不虚荣、不作假、不贪嗔痴慢疑、不求回报，不违背这些做人的规则时，才能算是个好心人，否则还是无法获得财富和幸福人生。因此，尊重规律，树立正知见，亦是财富的重要规则之一。

我们真正降服了贫穷的心性，就关上了伤害他人的按钮，也就关上了走向贫穷的大门；而当我们真正显化出富贵的心性时，就走在了众富之道上，并成为可以利益他人的宝藏，同样自身也将收获更多的珍宝，成为一个真正的富贵之人。

（4）不同心境与人生境界

我们要想实现众富之道，一定要修好心境的能量。

科学已揭示出，宇宙间万物的本质是能量。一切都靠能量的转变而运作。

爱因斯坦的质能方程式就已说明：物质与能量相关。宇宙万物均以无形的能量场或有形的物质存在。但本质上还是以不同频率、不同波长、不同场强的能量场而存在，只是其中某部分能量场在一定条件下以"有形物质"显现，而这些有形物质无论其处于固态、液态还是气态，均由粒子组成，这些粒子有着不同的振动频率，粒子的振动使宇宙万物表现成目前的样子。

而你我的财运、事业好不好，家庭是否幸福，等等，都与能量有关，但大部分人并不知道这个东西的存在，就像一些生活一帆风顺的人，也只是因为符合了能量的规律，可并不知道其背后的原理。可以想象一下，我们在听歌的时候，节奏比较快的歌就很轻快、欢乐；节奏比较慢的歌，大部分都比较悲伤。而像恐惧、绝望、愤怒、傲慢等情绪都是缓慢的、低频率的振动，而爱的情绪是快速的，是高频率的振动。

著名心理学家大卫·霍金斯博士与诺贝尔物理学奖获得者合作，运用人体动力学的基本原理，使用精密的物理学仪器，经过近30年长期的临床实验，随机选择的测试对象横跨美国、加拿大、墨西哥、南美、北欧等多个国家和地区，包括不同的种族、文化、行业、年龄等多元性指标，累积了几千人次和几百万笔数据资料，经过精密的统计分析之后，发现人类各种不同的意识层次都有相对应的能量振动频率。这解开了人们生命与社会活动的关联。人的能量层级和振频决定着我们的一生和命运。大卫·霍金斯在《力量与能量》中还说，不论是具有形体的人类、动植物、书籍、食物、衣服、建筑、汽车，还是抽象的心念、意识、思想、影视、运动、音乐、情感、财富，都有确定的能量级。换句话说，从有形的物质到无形的心念都是能够产生能量的，我们的每一个心念都在创造我们的命运，什么样的心念就在吸引着什么样的果实。

由此可知，钱也是一种能量，如果这个世

界上钻石最值钱，那么这个能量就会以钻石的形式出现；如果贝壳最值钱，它就会以贝壳的形式出现；如果纸币最值钱，它就会以纸币的形式出现。这些都不是最重要的，因为钱它本身什么都不是，它的核心是能量，而什么能够承载这些能量？那就是你的格局有多大。如果别人瞟你一眼你就气半天，夫妻两个人有了一点口角就开始掐架，天天从早到晚忙得跟陀螺一样，那你就塞不进去一点东西了。因为你的空间很狭小，就装不进去更多的能量了。但是，我们常常会看见身边的一些人，他们的心里能装下几十人、几百人，能装下一个公司，能装下一个行业，能装下一个国家，甚至在想着怎么才能让人类更好。

这都是因为他的心里有很大的格局，所以能量就能够很轻松地在他这里流动，也就有了许多的奇迹，有了许多的资源和创造，有了许多的财富。心灵的成长，就是让我们不断地扩大格局，从一个小老百姓的一亩三分地到能装下更多的人。舍得让身边的人好，舍得让那些不认识的人好，甚至舍得装下更多人的幸福。在心不断被扩大的过程中，你会发现财富对你来说早就不是事儿了。

能拥有多少财富，全看你内心的格局有多大。不要再想国家能为你做什么，而是想想我能为国家做些什么；不要再想人民能为你做些什么，而是想想我能为人民做些什么；不要再想别人能给你带来什么利益，而是多想想我能为别人带去什么利益。以前，常常觉得这些都是冠冕堂皇的高调，但经过仔细探究、翻阅各种典籍后发现：无论中西、无论古今，真正的大富长者、真正幸福的人、真正的伟人，无一不是这样的心量和格局。当你的心里能够多装下一个人时，你就多拥有了一份财富，能够多装下几个人，就多拥有了几份财富。真的这么做了，"成为富人"就只是早晚的问题。

我们对待外在事物的态度，又何尝不是心性的一种体现。霍金斯博士发现，意识层次的能级为200时，是正负能量状态的分界点，200能级以下的都是负能量。能量等级低于200的时候，会影响人体的身心健康，使人开始丧失能量，变得更加脆弱，更容易被环境所左右；而200～1000的状态则使人身心赋能，变外求为内求，可以让能力得到最大程度的发挥！

一个能量为300的人，相当于90000个能量低于200的人。现在大部分人的能量都

停留在 200 以下，一个企业家要想有 90000
个员工，前提是自己的能量不能低于 300，如
果员工减少了，是自己的能量下降了，不是
员工的问题。

只有提升自我的能量才能影响世界。这个
能量的原理到底是什么？与其说我们在经营企
业、经营人生、驾驭生命，不如说我们在驾
驭心灵，提升自己的能量。好的点子、好的
方法、好的产品、好的项目、好的人才，都
是人内心的能量感召来的。如果身边还有诸多
的不情愿、不满意、不如意、不团结，都是因
为我们自身的能量不够。

而愤怒、欲望、傲慢、害怕，都是低能量
的意识情绪。想要获得财富，就一定要把握好
意识情绪和能量，也就是要管理好我们这颗心，

因为它对财富起着主要的作用，只有正能量，才能实现善财滚滚。

因此，我们需要对心进行管理，降服贫穷的心性，显化富贵的心性，不断修炼利他的心性，扩大自己的心量。同时，自己富了还不行，还要带动更多人一起富裕，这样才能让自己的财富源源不断。

2. 公益播种的修炼

（1）何为公益播种的修炼

①什么是公益

公益，简单来讲就是无偿地、无患地服务众人，也就是众富之道中所讲的"不伤害自然界中的所有生命体，并加以帮助"。

公益的源头是自我心性与观念上的正确，并在自我行为无害基础上的一种心量拓宽后的行为，是建立在不伤害任何自然界中生命体的前提下的行为。心量有多宽，决定了公益的范围有多广。心中的无私、平等，决定了对待他人的态度。心中的慈悲、仁爱、感恩，决定了公益的结果以及方法的正确与否。

因此，公益就是当自己真正建立起正确的心性与观念后，心中装着大众的需求，在保有一颗仁爱、感恩、平等、无私之心的基础上，给予对方有效、无患的支援。这种行为，不是为了谋取利益的，而是一种发自内心的、不求回报的行为。

人人都可以在自己力所能及的范围之内做公益，关键在于遵循公益的行为规范。

②什么是公益播种

当父母、老师、国家、大众有需求时，真诚、平等地做出及时、对应的帮助，不求回报，就是公益播种。公益播种，是保障我们是否可以收获财富果实的基础，也决定着我们收获的是善财滚滚，还是凶财与灾难。

公益播种的践行，不能一口吃个胖子，而应从改变自我开始，一步步地改变，进而影响到身边的人，先让周围人因为自己的存在而舒适、欢喜。从帮助一个人开始，不断地成长，不断地积累经验，随着时间的积累，逐步扩宽我们的播种面积，增多我们可以帮助的对象。

公益播种，就类似于农夫种田。我们每个人身上都拥有五块田，身体是块田，父母是块田，老师是块田，国家是块田，大众是块田。我们的行为、语言、意念，以及通过上述三点产出的物质产品和精神产品都是播撒种子的方式，比如我们用心为别人着想，去设计产品与服务，用心为他人祝福，用思维帮他人梳理一些内容，用属于自己的物质（米、面、油、盐、茶等）给到需要的人。上述越真诚、越全面、越无私、越能满足他人的正当需求，种子的活力就越高，反之则越低。

无论是公益的心，还是公益的播种行为，都是需要我们不断进行修炼的。

③公益播种与富贵人生有什么关系

公益播种，是保障与决定富贵人生的遥控器，在我们每一次面对他人困难与需求，并伸出援助之手，将其从困境中拉出来时，财神爷也将握住我们的手，将我们带到富贵的彼岸。因此，每一次的公益播种都是在帮助他人、促进共同富裕的同时，自然地获得自我的富贵。

正所谓"命由己造，福自我求"，每个人的命运都是由自己创造的。我们的财富不是求来的，不是盼来的，更不是偷来的、抢来的或碰运气得来的，而是自己通过播种"财富的种子"得来的。我们的人生、家庭、企业、宇宙，就像是一块块肥沃的土地，每个人都是这些土地里的"农夫"，你在里面播种什么就长什么，你不种下相应的"种子"，也就长不出你想要的东西。

获得善财需要福德与智慧，如何正确地使用钱财更需要道德与智慧！而真正判断一个人是否拥有了财富，则要看他会不会花钱，舍不舍得把手里的钱用在利己利人、利国利民的善业上。

把财富用在扶危济困、救苦救难上，就是明德。有德就会获得民心，最终会拥有巨大的财富。

④做好公益播种的八项原则

公益播种有八项原则：心态端正，播种无害，不可悭吝，不可攀缘，不可片面，懂得他人的需求，做好全面的分析，合法合规、合情合理。这八项原则，保障了我们播种行为的正确，有助于避免播撒痛苦、贫穷的种子。

下面，我们逐一来了解做好公益播种的八项原则。

原则一：心态端正

首先，播种行为要以富贵的心作为基础，才能保障其行为是良善无害的，进而才能鉴别是非善恶，才能规范自己的行为。

同时我们还要清楚：是我们自己主动种下财富的"因"，希望通过别人这块福田来孕育出果实，而不只是对方需要我们的施舍。所以，在每次进行播种的时候，我们都要无条件地去做，心怀感恩，把播种变成一种自然的习惯。做真正无私的善事，不要为了名做善，也不要为了利做善，而是真的生出慈悲心来帮助弱者，生出感恩心去回报父母，恭敬长者，报效国家……

原则二：播种无害

想要使财富源源不断，最简单的方法就是播种，而播种的前提一定是要对社会有益无害的、能够为他人解决问题的。我们要想获得五福临门的人生，就要明辨善恶，否则就是方向不对头累死老黄牛。所有以伤害其他生命为代价播种的种子，最后的收获都会变为泡沫，甚至带来成倍的伤害。

原则三：不可悭吝

不悭吝，是懂得了众富之道的核心——众

富是自我富裕的前提与保障；而悭吝，则是只关注眼前短暂微小的收益，而放弃了长期丰厚的收益。因此我们在播种时不要悭吝，要慷慨大方，越慷慨，财路越宽；越小气，越悭吝，财路越窄。舍不得就收不到，舍不得的人自我封闭了财富的通道，既不给予他人帮助，也无法收获财富的果实。

原则四：不可攀缘

攀缘是在降低财富指数，而"随缘支援"才是在增长财富指数。

所谓随缘支援，就是我们在对方最需要、最迫切、最困难的时候，向他伸出援手，做好雪中送炭的工作。而攀缘就是纯粹站在自己的立场上去行动，而不考虑对方此时是不是需要我们的帮助，更不了解对方有哪些需求，给彼此徒增烦恼。

因此，在播种之前，一定不要攀缘，要学会无私、随缘地去帮助别人。

原则五：不可片面

我们在帮助他人时，首先要全面了解对方的需求，其次是针对对方的需求思考帮助的方法。方法也需要全面，不可片面。以上两点具备后，在真正帮助他人时，就不会因为不了解对方需求而帮倒忙或是治标不治本，不能真正帮助到对方。

原则六：懂得他人的需求

不同国家的人有不同的生活习惯与行为习惯，不同地域也是如此。同时，每一个人都是独立的、不同的个体，其需求与特点也各异。

因此，财富的获得，不仅需要有聪慧的头脑，更要有谦卑的学习态度，深入不同的人事物当中去了解其需求。要有同理心，眼光不能只放在自己赚钱上。一个真正的富翁，眼光与心思大多在别人身上，时刻想着如何正确地为他人服务，如何精准地为不同的人服务。因此，财富的获得，要扩大心量，拓宽眼界，提高自我的学习能力，在恰当的时间和地点，帮助适合的人，解决对方的实际问题。

当别人需要帮忙的时候，我们要考虑对方需要的是金钱、物品，还是精神上的支持与鼓励。例如一个数日没有进食、濒临死亡的人，给他一堆金子恐怕没用。这时候，要马上给他食物，才属于"及时雨"。好雨知时节，当春乃发生，要知道时机，分清楚救急和救穷。比如，人家正在要死要活的时候，这叫救急，这个时候更多要给的是物质。救穷，更多的是思想。要能清楚地知道对方到底是缺物质还是缺精神。

救穷，是救他贫穷的思想和心性；救急，是救他的燃眉之急和物质的匮乏。不能混淆了。贫穷，一定要把穷的思想、穷的心性纠正。要从心智上启发、引导对方，推荐知识给他，或者送他相应的关于财富真相的书，或送他一节可以告诉他贫穷真相的课程。而关于救急，如果也像救穷一样，那就来不及了。举个例子，救急如同对方今天要做手术，没有钱就做不了，做不了就会危及生命。

第一个是心和思想，第二个是身体力行，第三个是物质，这三个东西可救急，可救穷，但都要学会善出。救穷，要靠因缘，没有因缘的人去攀缘，就会适得其反。救急，是随缘，遇到了就帮一把，而不是到处去找。当自己心中时时装着他人的时候，我们的力量就不单单是靠自己了，而是会有更多的能量加持，也能有足够的智慧看到他人的需求，并找对方法进行支援。

而真正懂得他人的需求，是源于真心，是真心地想要帮助对方。这样，一切机会与方法，在看似各不相同的人面前，就都可以运用得恰到好处，对应需求。

原则七：做好全面的分析

首先，我们需要懂得把本身可以用于支援或是帮助他人的物品与金钱，抑或是精神层面的支援列出来。这一步是了解自我，一个对自我认知不足的人，无法在关键时机判断是否可以帮助对方，也就无法保障我们的每一次帮助都是精准的。因此要清晰地看到自己的长板与短板，知道自己当下可以帮助哪些人，今后需要在哪些地方进行提升。

另外，我们需要对于帮助的对象进行一个分类，比如需要精神帮助的给予精神帮助（正知见的提供、心念上的支持或陪伴成长等），需要物质帮助的给予物质帮助（房屋、器皿、金钱等）；或精神与物质一起帮助。

原则八：合法合规、合情合理

我们在做公益播种、帮助他人前，首先要了解国家的法律法规以及各个领域的规则与禁忌，避免在做公益播种时触碰到。也要符合不同人群与地域的风俗习惯，不会使对方感到不适，同时更不能违反道德规范。

（2）清晰可用什么做公益播种

①心念播种

当我们不再占任何人便宜，用自己的心去支持身边的每个生命，从关心个人到关心家族，从关心个体到关心集体，从关心小家到关心大家，从关心小我到关心大我，从关心国家到关心世界，并身体力行帮助别人时，我们的心会在这个过程中，让能量得到不断的积累，于是财富也在不知不觉中增长。到一定程度之后，就能够实现我们的目标。比如一些优秀的企业家，心胸宽广，他们从一个小小的个体户发展成能养活几十万名员工的跨国集团。

②行为播种

通过一技之长播种。我们每一个人都有特长，需要不断挖掘并加以掌握，同时更需要用正确的规范来使特长发挥在不伤害他人的基础上。如此，专业技能便是自身创造价值、创造财富的核心。例如我的特长是统筹，那我就可以在统筹方面将人事物高效合理地统筹在一起，发挥其更大的价值……

我们可以通过自己的一技之长，来帮助与解决他人的问题。另外，一个人技艺的专业、精细、完整的程度，决定了我们帮助他人解决问题时的可靠程度，也影响着我们公益播种的财富的多少与活力。

在本职岗位上播种。岗位分很多种，比如在企业当中的岗位、自我选择的创业岗位、社会给予每一位的公民身份、家庭给予每个成员的身份、学校给予我们的学生身份等，这些可以说都是我们的岗位。

每一个岗位上，都有本岗的工作职责。无论在任何岗位上，都应该先对于所处岗位进行详细了解，然后以不伤害其他人为基础，尽职尽责地做好自己的本职工作，以将公益播种到与岗位有联系的个人或是团体。

对于岗位了解得越正确、深刻、透彻，在执行岗位工作时便会越专业。同时，一个人在岗位上的专业度、细致度、全面度，决定了其帮助他人解决问题时的可靠程度，也影响着公益播种的财富种子的数量与活力。

（3）无财七施

①眼施

其一，以柔和的目光待人。俗话说"忠奸善恶辨在目"，眼睛是心灵之窗。当我们生气时，会目露凶光；当我们平静时，目光柔和；当我们高兴时，眉开眼笑。所以，眼睛可以反映出一个人的喜怒哀乐。要想让他人看到我们心生欢喜，那么自己首先就应该以柔和的目光待人。当我们能够用柔和、善意的眼神去看待身边的一切人事物时，自己今后的福报也是极大的。

其二，不记恨他人的过错，而是多多观察他人的需求，这是眼施的最高境界。也就是说，我们不仅要做到外在的柔和，也应该从内在有所提升。如果仅仅只在表象上做到了柔和，但是没有从内心深处改变，心里还是看不惯他人，并且有指责抱怨之心，或看不到别人需要帮助的地方，那就等于没做好眼施。

②颜施

顾名思义，颜施就是"将良好的面貌、微笑和善的面容展现给他人"，并且要以平易近人的态度对待身边的人，让他们感受到自己的善意和对他们的尊重。还有一点，要想自己的人际关系得以改善，也应该多将自己的笑容传递给他人。其实当一个人能够发自内心地懂得感恩时，就会时时刻刻将笑容挂在脸上。在一个家庭里面，笑也是"孝"的一种体现，因为孩子的笑容对父母的感染力极强，他们会因为孩子的笑脸而感到心安。所以，即便再痛苦，也应该适时露出豁达的笑容来面对父母。可能就在露出笑容的那一刻，心情也会豁然开朗。一个人身处黑暗，却依然能够把光明和笑容带给别人，是对颜施的极佳运用。

③耳施

耳施也有两层含义：其一是倾听，其二是聆听，这两者的区别主要是心态上的不同。懂得倾听别人说话，源于对每一个人的尊重，自然而然的尊重，这里面没有强迫和妥协。就是说，这是一个人在明理以后做出的自觉行为。而聆听常常是一种被动的行为，不是自觉自愿做的事。前者如果是明德的话，那么后者应该算是一种美德。

当你学会倾听他人的痛苦与烦恼时，你的悲心就在慢慢地生起。做一个耐心的倾听者，能够从某种程度上帮助对方减轻内心的痛苦；

做一个淡定的包容者，有时候也能避免自己及他人受到灾祸或损害；做一个谦虚的恭听者，也可以从他人的分享中获得智慧。

④言施

语言，是人类的一大学问，从古到今，有很多人因它而受牵连。形容语言的话有很多，例如"病从口入，祸从口出""良言一句三冬暖，恶语伤人六月寒""口为祸福之门"，等等。所以，我们在说话时，不仅不能有意伤害、嘲讽、挖苦别人，还应该多说一些有益别人的语言。比如，时常赞美别人服务大众，或者以言语来劝导别人断恶行善。在日常生活中，不争无义之理，因为真理不是通过争辩而得出来的。更不能说挑拨离间的话、谎话或刻意伤人的话，正所谓"一言兴邦，一言丧邦"。

诚恳公正的言语，能够打动人心，是因为它是发自内心的一种真诚、智慧的流露。所以，不能只说好话，也不能说狠话，而是要说"真话"，对他人的有益之语。话多不如话少，话少不如话好，话好不如话对。

⑤身施

身施的前提是安分守己、以身作则，做好自己的本职工作。做好自己的本职工作以后，去帮助别人，便是身施。一个人若能做到方方面面为人表率，那他就是这个世间的榜样。孔夫子说"学为人师，行为世范"，我们在生活中做一些举手之劳，帮助需要帮助的人，也是一种身施。

⑥心施

感恩心：将抱怨转化为感恩；慈悲心：将

冷漠转化为慈悲；随喜心：将嫉妒转化成随喜；
祝福心：将担心转化为祝福；恭敬心：将傲慢
转化为恭敬；忏悔心：将愧疚转化为忏悔；责
任心：将逃避转化为担当；报恩心：将自私转
化为无私。

⑦座施

座施是最简单的谦让，在一个公司里面，
可以将好的位置谦让给他人，也可以把最好的
地方留给客户。因为让他人舒服，未来自己会
更舒服。在公共场合里，如公交车上、地铁上，
甚至是火车上，都可以将自己的座位让给他人。
包括我们坐卧铺时，看到不方便坐上铺的乘客，
可以主动将自己的与他人的调换，并告知乘务
员换床的消息。除了可以将座位让给他人外，
还可以把名誉让给他人，在名誉面前不争不抢，

在责任面前从不逃避。

以上七种行为，都不用依靠外在的物质财富，是许多人在生活中都有能力做到的事。如果让这七种行为成为我们的生活习惯，就能种下许多美好的种子，最终硕果累累。而这些行为的根本还是要回归到"心施"上，拥有一颗真诚、不求回报的心，才能实现善财滚滚。

《当和尚遇到钻石》的作者麦克尔·罗奇格西说："金钱本身是经由维持一个宽容大度的心态所创造而来的。"勿以善小而不为，这些善意的行为都是为自己播种财富和幸福人生的种子。我们不但要孝顺父母长辈、恭敬老师，还要通过正确的方法、正确的思维方式，发自真心地去帮助那些需要帮助的人，按照财富的原则与方法去进行播种，才能够为自己种下一颗"五福人生"的种子!

（4）明确公益播种的对象

①父母、祖先

常言道"在家孝父母，何用远烧香"，一个不孝之人，想持续发财是不可能的。他的财富中有一个重要的漏洞，就是欠缺孝道。

《孝经》中讲："孝悌之至，通于神明，光于四海，无所不通。"百善孝为先。如果把人生比作一棵大树，那什么是我们的根？生我养我教我的人就是根。财富、事业、儿女、房子、车子、资源等，都是树上的果。所以，钱从哪来？从根上来！用心浇灌根，孝顺父母，祭祖连根，才能硕果累累。尽孝，会让自己有福、命好、财运好。

生命之树的故事，道理虽浅显，寓意却很深刻。种田的农民都知道，肥料要往根上施，果实才能长得饱满、结实，收成才会多。假如把家庭也比作一棵大树，父母、长辈就如同根，想要枝繁叶茂、花香果甜，就一定要善待树根，孝敬长辈、父母。

②老师

③国家

④客户

客户是我们的衣食父母，是我们的公益播种对象，我们的服务要基于了解客户的基础上，秉持不伤害客户利益、不坑骗客户的原则，以货真价实、童叟无欺、明码标价、薄利多销的标准，给客户提供对应的、全面的服务。

⑤社会大众

一个人在近百年的生命历程中，没有任何一件事是可以独立完成的。人类社会就像一个庞大的机器，整个运作过程环环相扣，紧密相连，缺一不可，"牵一发而动全身"。劳心者和劳力者各自在不同的位置上努力，才有今天的繁荣景象。孟子曾说："一人之身而百工之所为备"，强调了人与人互助共生的重要性。

我们每日的吃穿用度，从原料的产出、采集到产品的制作、运输、销售，甚至我们随时随地获得的各项服务，背后都有一大群人的劳力和心血的付出。再往深处想，这其中还包含了天地生养万物之德，种种相加，才能完成我们的一日之需。

所以，我们遇到的所有生命都是我们的播

种对象，我们要竭尽所能地怀着感恩心去帮助那些经济贫困的人，或许是乞丐，或者是亲戚，或许是急需资金周转的朋友。救人于危难，就是在行善播种中日积月累，财富之花便会成倍地绽放、结果。

⑥合作伙伴

在生活、工作过程当中，我们要想创造更大的价值、更好地去服务身边的人事物，就要与其他志同道合的人进行合作。合作伙伴也是我们播种的对象。当别人有需要的时候，我们可以把自己学到的有价值的技术或经验教训毫无保留、毫无所求地分享给他们；当公司团队有需要的时候，可以把自己的智慧高效地转化呈现出来，为集体贡献一分力量，让价值实现最大化。凡事为对方考虑，让对方获益最大化。

以摆放货物举例：摆放货物时，要将货物摆放整齐，不可乱放乱丢，自己一时的散漫，就会给最后清点货物的同事增加工作量，带给他人不便。

要将播种形成习惯，时时刻刻思考我所从事的工作，有没有让我的同事因我而成功，有没有让我的员工因我而成功，有没有让我的领导因我而成功，有没有让跟我合作的供应商因我而成功。如果他们都因我而成功了，那么我的成功也会是必然。

反之，我的成功就会成为一种幻想，收获的都是烦恼和失败、痛苦和贫穷。

（5）审视有多少人因我而受益，判断自我财富指数

我们每一个人的财富指数，与我们帮助的人是成正比的。真正地为他人解决了问题，就是增加了财富指数。因此，我们可以通过总结，看看自己真正帮助过哪些人，有多少人因自己而受益，如此就可以清楚自我的财富指数。同时，不可以傲慢或是看不起被我们帮助的人，而是要生出感恩心，因为是他们成就了我们的财富。还应审视自己的行为，若是有漏洞的利他，则及时纠正。

3. 经济回收的修炼

(1) 何为经济回收的修炼

①何为经济

经济是社会生产关系的总和。指人们在物质资料生产过程中结成的，与一定的社会生产力相适应的生产关系的总和或社会经济制度，是政治、法律、哲学、宗教、文学、艺术等上层建筑赖以建立起来的基础。经济是价值的创造、转化与实现；人类经济活动就是创造、转化、实现价值，满足人类物质文化生活需要的活动。

②什么是经济回收

经济回收是在践行经济后，自然产出的结果，它代表着我们可以收获财富，也可以收获所有在公益播种时种下并已经成熟的果实。同时，回收不可急于求成，需耐心等到果实成熟后，用正确的方法进行合理的收获。

收获行为，是在公益播种基础上的坚守与提升，例如我们在做公益播种时，通过认真完成自己的本职工作，在客户那里种下了一粒好种子。而收获，就是在保有原来工作态度的基础上，更加认真、全面。若是在收获时，改变了工作的态度，就无法收获到成熟的果实。

我们收获的果实无一不是自己种下的，因此无论好坏，我们都应该接受。对于不好的果实，我们要及时反思（若是种子有问题，就及时在做公益播种时提升道德原则）。对于美好的果实，要掌握收获的具体方法。收获的果实包括财富、健康、家庭和睦、婚姻和谐等，每一个都要掌握对应的收获方法与技巧。例如财富的收获，需要在好产品、好服务、通畅的渠道、清晰的介绍、适宜的价格、真实的货物等综合要素上下功夫。若想收获父母的健康，不仅需要金钱，还需要为人子女的行为规范，懂得营造适宜父母健康的环境，掌握促进父母健康的常识、规则和技术。不同果实的收获是需要不同的方法的。

因此，就需要我们用真心待人，如此才能了解何为正确的收获方法。经济回收的行为不是随便的行为，是需要进行修炼的。

③经济回收与富贵人生有什么关系

稻盛和夫先生一直遵守敬天爱人的经营哲学。他不会用产品和服务伤害别人，他开公司的目的就是为了服务更多的人，不仅为员工带来物质和精神的丰盛，还为社会的进步与和谐作出贡献。正因为这样的经济回收方式，所以他才取得了真正的成功。

而有的人用投机取巧、偷工减料的方式获取财富，这样就算拥有一时的钱财，也难以让财富长久地留在手中或源源不断。

如果钱财的来路不如法、不如理，就会自食其果。有道是：君子爱财取之有道。不义之财不可取、不可拾，更不可贪求。

现在社会上不少家庭有疾病缠身的困扰、有入不敷出的尴尬、有夫妻不和的伤害、有子

女忤逆的痛苦、有身心难安的焦虑，那么出现
这些现象的原因是什么？其实大部分都是因为
我们做事情、做工作的发心不对。比如做健康
产业，虽然职业是正确的，但如果发心不是为
了给他人带来健康，只是为了多卖产品、多赚
取利益，那结果得到的仍然不佳。所以我们在
销售产品的时候，只需要讲产品的实际作用，
即使它的确可以给对方带来健康，也要在清楚
了解对方能承受的经济基础上推荐产品。如果
盲目给顾客推荐产品，并且鼓励他们买得越多
越好，这就好比让蚂蚁去吃大象的食物，这样
做容易感召灾殃。其实，任何产品都能找到它
适合的对象，我们只需要做好商务"红娘"，找
到适用这款产品的人群，进行产品功效的讲解。
如果我们只想着卖产品，会遇到层层障碍；如
果是为了给顾客带去好处和利益，那我们的工

作就会一帆风顺。

因此，经济回收的修炼不仅是我们收获富贵人生的方法，还是保障人生不会偏离幸福的方向盘。

④经济回收的七项原则

经济回收有七项原则：心态端正，不可有害，知晓时机，全面不可片面，收获有度，懂得分配，合法合规、合情合理。七项原则，保障了我们收获行为的正确，避免了错误收获而带来的一系列问题。

下面，我们逐一来了解经济回收的七项原则。

原则一：心态端正

首先，收获行为要以富贵的心作为基础，

才能保障其行为是良善无害的,才能保障财富的循环。同时我们还要清楚:一切的果实都是自己种下的,无论好坏,都应该接受。

原则二:不可有害

经济回收的全要素、全过程,都不可以对任何链条上的元素造成伤害,使其受损。例如我们在收获茶叶时,需要遵循茶叶的采摘规范,不可将未成熟的摘下,也不可将整棵茶树连根拔起。再例如我们在销售产品时,不可侵害消费者的自尊或是诱导、欺骗消费者,否则就是伤害了消费者。这样收获的钱是有漏之财,之前种下的种子也会被连根拔起,成为死种。

因此,无论我们想要收获什么,都不可以以伤害对方或是违逆对方的需求为代价。

原则三：知晓时机

当自身有能力且对方真正需要我们时，就是时机。时机到来时，不可急于求成，也不可懈怠，反而要更加踏实。

原则四：全面不可片面

我们在做经济回收时，首先要全面地了解对方的需求，其次是针对对方的需求思考帮助的方法。同样，方法也需要全面，不可片面。以上两点具备后，在真正帮助他人时，就不会因为不了解对方需求而帮倒忙，或是片面地帮助了。

原则五：收获有度

当果实成熟后，我们不要索取型收获，而要知足型收获。不可以贪多或是只考虑眼前，

以满足当下自我需求为标准即可，切忌贪得
无厌。

原则六：懂得分配

我们收获财富后，应学会将收获的财富分
成日常支出、应急所需、成长投资、布施播种、
储备粮仓五个部分。

第一笔：日常支出。我们的身体需要滋养，
但是所有的钱不能都吃进自己肚子里。现在
社会上大部分人都是寅吃卯粮。

第二笔：应急所需（以备不时之需）。这个
钱不光是给自己应急，周围的邻居、同学、朋
友、同事需要钱救急时，你都要慷慨地把钱拿
出去帮助他们，如果此时没钱，便救不了人。
救急不等于救穷，不是借钱给人去投资，一定

要分清楚事情的轻重缓急。

同乡有急事，甚至国家有难了，都要及时把钱拿出去，那是专门用来放粮的种子，救急要提前把应急的种子储备好。换句话说，应急的钱不是借给别人的钱，而是送出去的。哪里需要这笔钱，就布施到哪里。不能舍不得——有舍才有得，不舍就永远不得。看到别人有急事，就要及时出手，比如有人家里生孩子、老人忽然生病住院，马上要做手术却没有足够的钱，这时候要赶快把钱拿出来。事后不要催着人家还，要怀着一颗纯粹利他之心去救急，而不是为了讨好谁。我们明白这个道理以后，自当去做，还不太明白的，应先去锻炼慷慨布施的心，急人之所急，救人之所需。

第三笔：成长投资。我们需要投资两个方

面：第一个是学习支出，投资自我的成长。投资给自己，让智慧增长；第二个是投资事业，扩大企业规模，或者投资一些有益社会的项目，让钱生钱。假如企业壮大，而我们的思想没得到成长，心性没有得到提升，那肯定是承载不了增长起来的财富的。这两者缺一不可。如果碰到了有益社会大众的好项目，并且不是单纯以赚钱为目的，就是可以考虑的。

所以，投资前要看清楚项目对社会有没有意义。有意义的，能出多少就出多少。如建学校，建养老院等，不是给别人修的，而是给我们的内心修的一座心灵的花园。

那么，我们为什么要不断地学习、成长呢？

古人常讲"活到老，学到老""三日不读书，面目可憎"，可见学习是持续的、不可间断的，对自我学习成长的投资也不是一次性的。我们不仅要照顾好自己的身体，也应该提升自己的精神境界，而这需要我们不断学习成长提升，以达到身心平衡。

第四笔：布施播种，就是用到三项修炼的公益播种当中去。

第五笔：储备粮仓。粮仓有米心不慌，一定不要让粮仓见底；粮仓见底，生活没了保障，心里就没谱。所以，一定要合理储备干粮，就像战斗储备一样——深挖洞、广积粮，进行有比例的储存。种子不能全部存起来，也不能全部都吃光。现在许多人都是"月光族"，秉持赚100花500的理念，挣到钱就会全部拿去享受了，该播种的时候没去播种，该帮助他人时也没有及时帮助，当自己需要财物、需要帮助而捉襟见肘时，更是无人相助，极易因为钱财痛苦一生。

如果你曾经没有种下善种，即使拥有再好的工具也收不回成果。这就是储备粮仓与合理播种的问题，储存下来的既可以作为明天的种子，也可以帮助自己渡过难关。

原则七：合法合规、合情合理

（2）清楚可用什么去做经济回收

①通过一技之长经济回收

②在本职岗位上经济回收

③融入团体，集体创造是更大的经济回收

众人拾柴火焰高，一个人的力量是有限的，一个人可以帮助的人更是有限的，因此创造的财富也必然是有限的；而一个有凝聚力的团体所创造的价值、所帮助的人将会更多；通过集体的力量利益大众，也能更加全面、系统，也可以更加持续地为他人解决问题。

因此，我们应该找到一个拥有正确价值观，以解决问题为出发点的团队，融入其中，找到自己的职责，和团队一同服务他人，或是发心组建一个团队。

总而言之，若想使自己发挥更大的价值，在解决他人更多问题的同时收获更多的财富，就需要投身于团队当中。

（3）明确经济回收的对象

①父母、祖先

父母的健康是子女最大的财富，作为子女我们的责任便是孝养父母。养父母之身，使父母身体健康；养父母之心，使父母喜悦幸福；养父母之志，使父母看到儿女很上进，能够光宗耀祖；养父母之慧，使父母开启智慧。若我们想要收获上述这些，便要先种下种子，待种子成熟，再用正确的方法收获果实。

而收获果实的方法则是做好儿女本职，然后继续提升。

营造好家庭氛围。家庭氛围包括夫妻相处、子女相处、邻里相处、房屋卫生、物品摆放等，可以使父母生活在一个健康、喜悦的环境当中。若是父母喜欢安静，就营造安静的氛围；若父母喜欢热闹，就促进家中的亲密氛围，使家里热热闹闹的。为父母的身体健康与精神健康考虑，家中使用的各项物品，也应对于父母的这两项健康是有益无害的。

提升自己的能力。例如可以提升我们的厨艺，为父母制作健康的绿色饮食；提升照顾人的能力，可以学习按摩等辅助父母健康的方法，帮助父母调养身体；同时，可以带领父母一起做健康的运动。这些能力的提升都是为了更好地照顾父母，使他们更加幸福健康。

如此，才能更进一步收获父母身体与精神的共同健康，才能使我们的财富之树更加茁壮。

②老师

老师给我们带来知识与智慧，使我们增长见识、发展心智，通过学识为社会创造价值，并可以掌握获取财富的智慧，或以平和圆融的心态处事，减少不必要的烦恼。而上述在种子种下、长成果实后的收割，则需要：

信心。对于老师，无论是圣贤经典、还是耳提面命的老师，要有信心，一个学生如果对于老师没有信心，是无法从老师那里学到真正的东西的。而一个发自内心相信老师的学生，会像一块海绵一样，将全身心都投入学习，在学习中践行，在践行中实证。

恭敬心。一分恭敬一分收获，十分恭敬十分收获。恭敬心就如同杯子，多大的杯子装多少水。当一个学生发自内心地恭敬老师时，其实是在缩短自己与智慧的距离，将会更容易领会到其中更深刻的含义，进而真正掌握。

③客户

我们在继续保持货真价实、童叟无欺、明码标价、薄利多销以及合法合规的基础上，应做到：

保障产品作用并增加其服务的全面性。保障产品的真实作用，可以满足有需求的人，同时，更全面地为客户提供服务，保障客户遇到问题后可以随时找到我们，并可以提供及时的帮助。

　　减少用户了解与购买产品时的障碍。简单便捷地让用户清楚了解产品的价值、作用、使用方法、注意事项等，才能以最快的速度走进用户的心。用户想买随时可以购买，而且简单、便捷、精准。给用户设置的关卡少，代表我们服务用户时的真诚心。我们要明确自己到底是为了从用户兜里掏钱，还是满足用户需求的同时自然成交。

　　合理销售，不过分营销。众富之道的时代是合理销售的时代。没有用的，再便宜都是贵；

没有用的，越好越是浪费。销售的目的在于满足用户需求，而不是增加用户欲望，进而浪费社会资源，这是违背众富之道的。因此，想要真正收获财富，不需要过分营销。

（4）审视自己真正服务了多少人

我们拥有多少幸福，拥有多少无患的善财，取决于我们真正无患、有效地服务了多少人。因此，我们应当时时审视自己，若我们感到不幸福或是财富贫瘠，抑或是财富总是以不好的方式溜走，那就要反思自己过去帮助他人时，是否出现漏洞、是否投机取巧、是否损害他人利益。如此，便可以时刻关照自己、修正自己，避免重复出现此类问题。同时，若我们真心真意地、没有损害他人利益地帮助他人解决了问题，那么幸福与无患的善财就在前方等待着我们了。

所以，我们应养成自省的习惯，使自己保持在正确的方向上，向幸福与富贵的彼岸迈进。

后记

　　"山川异域、风月同天"，"天下非一人之天下也，乃天下人之天下也"。我们必须认识到：共同富裕，是自我富裕的前提与保障，是自我富裕的基石。

众富之道

【何为共同】

我们是各种元素汇集而成的生命体，山川河流、四季轮替、五谷饮食、房屋、器皿、衣着、用具等诸多元素，维持着我们的生命体。若这诸多元素匮乏，我们的生命也必然受到影响。因此，我们需要知道，所谓共同富裕不单是金钱上的独富，而是种族上不限人类与动植物，地域上不限国家与民族，关系上不限远近亲疏，是精神与物质、环境与自然、健康与心灵、家庭与婚姻、子女与教育、消费与创造、甲方与乙方、年少与年老、残疾与康健、可见或不可见等一系列综合要素的共同富裕，少了任何一个要素，都不是真正的共同富裕。

【何为富裕】

富裕，指的不只是人类团体的富裕，更多的是指"以物质为基础，且与高度的精神文明相结合的共同富裕"。同时，富裕本身也不仅代表金钱，和谐、健康、平静、茁壮、快乐、幸福等都是富裕本身所包含的范畴。因此，对于富裕二字，需要不断通过生活中的体验来使其更加深刻、圆满。久而久之，将其内化成自己的认知和行为，让自己成为一个富裕且能够为其他人带去价值的人。